HANNA KOMAR is an award-winning Belarusian author and activist, the recipient of the Freedom of Speech 2020 Prize from the Norwegian Writers Association. She is the author of five poetry collections, including *Ribwort* (3TimesRebel, 2023), and a non-fiction account of her incarceration for peaceful protest in Belarus, forthcoming in English from Skaryna Press. Hanna portrayed herself in the verbatim play *The People Woke Up: 2020 Revolution in Belarus* (Ice&Fire), which premiered in Edinburgh in September 2022. *Body in Progress* marked Hanna's debut as a playwright.

ГАННА КОМАР — беларуская аўтарка і актывістка, лаўрэатка Прэміі за свабоду слова 2020 года ад Нарвежскага саюза пісьменнікаў. Аўтарка пяці паэтычных зборнікаў, у тым ліку „Трыпутнік" (3TimesRebel, 2023), а таксама дакументальнай прозы пра зняволенне за мірны пратэст у Беларусі, якая рыхтуецца да выдання ў ангельскім перакладзе ў выдавецтве Skaryna Press. Ганна іграла саму сябе ў дакументальнай п'есе *The People Woke Up: 2020 Revolution in Belarus* (Ice&Fire), прэм'ера якой адбылася ў Эдынбургу ў верасні 2022 года. „Целам сваім" стала драматургічным дэбютам аўтаркі.

The play serves as Komar's tribute to the fundamental role of women in the historical fight for human rights. Through her perspective, which draws connections between dictatorship and patriarchy, Komar unpacks how a woman's body can both absorb oppression and foster resistance.

Georgia Beeston, Index on Censorship

In the play Hanna explores the trauma response — the freezing, the disconnect, the lost voice. She is clearly now able to live in the moment, present in both body and mind. Through the vehicle of her autobiographical play, she announces to all of us, and confirms to herself, that she is here. She is heard and seen. She matters.

Alison, member of the audience

For me, it wasn't even a performance, but a revelation of the soul — and I watched it with my soul, and it was filled with love and compassion. What's most amazing is that it wasn't just for those who suffered and continue to suffer, or for all of us who were forced to leave our homes, our loved ones, and start over — but also for those who cause this suffering. A huge thank you to everyone who took part in creating and staging this performance. If it evokes such feelings, it is a complete success!

Nonna, member of the audience

It was wonderful and deeply moving, at times frightening and at others reassuring. The truths you both express separately and together engender hope not just for Belarus but in the wider world.

Anthony, member of the audience

You created a very beautiful and moving performance! I tried not to get too emotionally involved, so I wouldn't have to piece myself back together afterwards — and I managed that with my head, but you can't fool the body, and I felt it completely through the body. I find it very symbolic, because it echoes the title of your work and its meaning.

Yanina, member of the audience

Праз гэтую п'есу Комар ушаноўвае надзвычай вялікую ролю жанчын у гістарычнай барацьбе за правы чалавека. Праводзячы паралелі паміж дыктатурай і патрыярхатам, перажытымі на ўласным досведзе, Комар паказвае, як жаночае цела можа адначасова ўбіраць прыгнёт і нараджаць супраціў.

Джорджыя Бістан, Index on Censorship

У п'есе Ганна даследуе рэакцыю на траўму — скаванасць, разасобленасць, страчаны голас. Цяпер яна відавочна здольная жыць у моманце — і целам, і розумам. Праз сваю аўтабіяграфічную пастаноўку яна абвяшчае ўсім нам і пацвярджае сабе: яна тут. Яе чуюць і бачаць. Яна мае значэнне.

Алісан, глядачка

Для мяне гэта быў нават не спектакль, а адкрыццё душы і я глядзела яго душой і мая душа напоўнілася любоўю і спагадай. І што самае дзіўнае, не толькі да тых, хто пацярпеў і працягвае пакутаваць, да ўсіх нас, хто вымушаны быў пакінуць свой дом, родных і пачаць усё спачатку, але і да тых, хто прычыняе гэтыя пакуты. Дзякуй вялікі ўсім, хто прыняў удзел у стварэнні і пастаноўцы гэтага спектакля. Калі ён выклікае такія пачуцці, гэта поўны поспех!

Нона, глядачка

Гэта было цудоўна і глыбока кранальна — часам страшна, а часам супакаяльна. Праўда, якую вы выказваеце разам і кожная асобна, надае надзею не толькі для Беларусі, але і для ўсяго свету.

Энтані, глядач

У вас, у цябе атрымаўся вельмі прыгожы і кранальны спектакль! Я намагалася не вельмі ўключацца эмацыйна, каб потым не збіраць сябе па кавалачках, і галавою ў мяне гэта атрымалася, але цела не падманеш, і я адчула яго цалкам праз цела. І мне падалося гэта вельмі сімвалічным, бо перагукаецца з назвай твайго твора і з сэнсам.

Яніна, глядачка

Ганна Комар

Цела́ю сваім

Hanna Komar

Body in progress

 SKARYNA PRESS

Skaryna Press
London

skarynapress.com

Editor (English version) John Farndon,
Editor (Belarusian version) Kryscina Banduryna
Designer Sergey Shabohin
Cover photo Ole Hoff

ISBN 978-1-915601-71-1

© Hanna Komar, 2022, 2025
© Skaryna Press, 2025

CONTENTS

ЗМЕСТ

Body in Progress 9

Целам сваім... 37

Body in Progress

Body in Progress was premiered at Theatre Deli, London, as part of the Voila! Theatre Festival on 8 & 9 November 2024, with the following cast:

A   Hanna Komar
Y   Sophie Vallee
Director   #9
Sound designer   Lex Kosanke
Lighting Designers   #9 & Sukru Hakan Hafizoglu

This text went to press after the show and so may differ slightly from the play as performed.

This play combines verbal and physical theatre. A director has a lot of flexibility in terms of stage and costume design, choreography and movement.

CHARACTERS

A   represents the main character's voice, speaks from the time in the present.

Y   all the other voices, for flashbacks and quotes.

ACT ONE

SCENE ONE

A In the quiet of my

Y Body

A A forgotten

Y Dream

A Tosses around

Y The apple

A I've eaten acidifies

Y Blood

A Pumps out with asters

Y Muscles

A Wheeze

Y The voice

A Of the ligaments

Y Breaks

A And lamenting

Y Sweat

A Pierces through my pores

Y Only tears

A Quieter than quiet itself

Y Can hear my

A Deafness...

SCENE TWO

Y You've seen a lot of violence.

A When I was a child and my drunken father would get aggressive and physical, I became the buffer between him and mum. I was the peacemaker. Standing between them, trying to defend mum, I would beg him to calm down. Sometimes it felt like I was the only person able to stop him.

I started reading when I was five, and I believe books saved my life. We lived in a small one-room flat: my mother, my father, my sister and myself. In the evenings, when my homework was done, I would hide in the tiny room where we kept our pickled tomatoes and cucumbers, apple and plum jams, winter coats and boots and boxes of old stuff. The room had no windows, and only a tiny bit of light from the bulb penetrated through the coats down to the little chair where I would sit and read.

The only safe space I had.

My first poem happened when I was 13.

I saw a lot more violence in the year 2020 in Belarus.

Countless stories, photos and videos of beaten, tortured, raped people. They were your neighbours, friends and the friends of your friends. People were beaten in front of my eyes. Many times I ran from riot police.

After I was released from jail that September, in Minsk, I tried turning the experience into poetry. But I couldn't. Instead, I focused on what I could do for the hundreds of political prisoners, whose number was growing day by day. My life still belonged to me, but my body didn't.

In his book *The Body Keeps the Score* Bessel van der Kolk, psychiatrist noted for his research in the area of post-traumatic stress, writes...

Y "In response to the trauma itself, and in coping with the dread that persisted long afterward, patients with PTSD had learned to shut down the brain areas that transmit the visceral feelings and emotions that accompany and define terror. Yet in everyday life, those same brain areas are responsible for registering the entire range of emotions and sensations that form the foundation of our self-awareness, our sense of who we are. What we witnessed here was a tragic adaptation: In an effort to shut off terrifying sensations, they also deadened their capacity to feel fully alive."[1]

A I tried turning the experience into poetry. But there is nothing poetic in violence.

When I came to London in September 2021, I didn't know if I'd be able to return home in the next few years or if this place was my new home. And I couldn't write poetry. Poetry didn't feel enough to tell the story of trying to regain power over my own body and the sense of purpose. So here is the story, in the only way I found to share it with you.

ACT TWO

SCENE ONE

A Is it the wind howling or is it me?..

I woke up to go to the toilet and can't go back to sleep, thinking about all the things which are out of my control.

Y Our toilet was a hole in the floor. No door, only a wall separating it from one side. The drops of urine would stick to the soles of my trainers, and hairs — on top, in piles...

A The light comes in through the window, because I don't like drawing the curtains. They say complete darkness is good for sleeping. But if I draw the curtains, how will I find the way out?

Y The light was on all night, every night. I put a t-shirt on my face to hide from it, to be able to sleep. Before falling asleep, I heard them open the little shutter and look inside through the narrow slot.

A Actually, the shadows on the walls are nice.

Y The first night I shared a bunk with another girl, we were detained together. They gave us only one mattress — one mattress for two. At least we had it, not everyone was as lucky.

A The other day there was a fox in the garden. He caught my glance through the kitchen window. They are so good at making eye contact, as if they could see into you, to your most hidden thoughts... It's easy not to turn away when you're separated by the house. Protected.

Y I stood there, unprotected, in front of those faceless uniforms. I shouted at them. I shouted that we had the right to freedom of peaceful assembly! I shouted that they had to leave us alone! That they had to leave us, leave us alone and never come back! Then I fell down because the woman next to me fell down. A faceless uniform wanted to help me, but I didn't want his help! I wanted them to leave, just fucking leave, just disappear! As simple as that, forever.

A The fox was lame: the lower part of one of his legs was missing. Yet he jumped on the fence and disappeared in the neighbours' garden. And I wonder, some animals can adapt to changing conditions in order to survive. Some humans choose to be slaves, to stay alive. What is so special about life?

SCENE TWO

A I take a tablet of Sertraline, 50 mg, at 10 am. Every day — at the same time. It's important. The first weeks are the toughest, I feel like a cold bitch with no feelings. If someone told me I'd never be able to go home again, I'd give them a 'Do I look like someone who cares?' glance.

Y My body was aching from the bunk which was a rectangle of large iron squares and a two-centimetre-thick mattress. The only position that didn't cause me pain was curled up like a foetus.

A When you sleep, your body is supposed to rest — your muscles need to rest, your tissues need to rest, your joints too. They store memories — memories of what you cannot control. Memories which make your body restless.

In order to be fully rested, you need to sleep on your back. My mama can only sleep on her belly. I could never understand how that's comfortable, because she has quite big boobs. Boobs — is it ok to call your mother's breasts this?

Y I couldn't sleep, I cried a lot. We didn't know where you were, if you were ok. I knew from people that there were no facilities, not even a shower. I was just hoping they didn't beat you.

A I wake in the middle of the night and try to fall back to sleep. Your neck doesn't rest unless you sleep on your back. I usually sleep on my side. In my last serious relationship, years ago, he'd say, 'Lie on your good side, and I'll spoon you.' I forgot which is my good side. I can't find it. There's no good side to my restless memories.

Y — Will you let us go to the shower today?

— How are you going to return the favour?

A I think the right side is good...

ACT THREE

SCENE ONE

A My sister and I are annoyed with mama when she is complaining and snatching at us. Next — I want to record mama telling me about her life. Next — she shares some of her pain with me. Next — I am told she died. I burst into tears in the dream and wake up weeping.

In the morning, I feel a deep void of motherly affection and care. I let myself feel it, I don't run away.

A week before my wedding day in 2015 mama called me, there was worry in her voice. She said she'd had a dream. I was crying and calling for her. She asked if I was happy.

I left my husband nine months later.

When we have a video call, mama says she's ill. I can hear it in her voice. She has a fever, tightness and squeezing around her heart. She says it's because she's got old. I can see her face change and eyes fill with tears. Her lungs are fine though. She says I look more and more like her when she was young and had long hair.

Antidepressants block emotions, but my eyes fill with tears. I don't show it and smile as happily as I can. Mama doesn't know about antidepressants.

'I'm going to the theatre with two classmates tonight,' I say. 'You made friends?' she hopes. 'Just to go out together every now and then,' I say.

Y If I had close friends here, I wouldn't need antidepressants.

A At night, I feel tingling pain around my heart. My way of connecting with mama. Always through pain.

ACT FOUR

SCENE ONE

Y   In his lecture published in 1905, Alexander Amfiteatrov noted about women Narodnics, "Men get tired, men change their minds, men sometimes ask for rest, they surrender under the merciful conditions of private amnesties. In the women's revolution, the percentage of those who give up is so insignificant that one can't even recall names."[2]

A   I get up in the morning with the decision to register every little action of mine in order to stay present.

I go to the little bathroom to brush my teeth. I watch as I squeeze toothpaste onto my wooden soft-bristle toothbrush, turn on the tap, take some water into my mouth and turn off the tap. For three minutes I move the toothbrush with the foamed toothpaste in my mouth. Then I rinse my mouth and the toothbrush. There is a bit of toothpaste foam on my face, I wash it off and dry my face and hands with a purple towel.

Y   On the third day, they moved us to the cell with a small cracked mirror glued in the wall. For those three days we could only guess what we looked like by the looks of each other.

A   I want to stay connected with my friends in Belarus, not just live my own safe life here as if I didn't care about home anymore. I should probably get connected to London too, in case I can't go back home. I post on my Facebook page, 'Name a place in London that you'd like me to go to and say hello from you — either one that you've been to or that you'd like to go to one day.

5 minutes later I have...

Y   White Tower; Tower Bridge at night; Abbey Road; Finchley Road station; Amy Winehouse's statue in Camden market; Tate Modern; the Thames; the white peacock butterfly at Natural History Museum; 1 Logan Place; John Islip Street; the Shard; London King's Cross railway station Platform 9¾; a cup of coffee with clouds reflected in it.

A   I'll go there. To have a purpose. And connect with London.

I sit down by the open window and listen to the birds.

SCENE TWO

A   Next morning I keep to my decision to register every tiny thing about my being. I turn on the hairdryer and bend my body. I slide my palm slowly, from the back of my neck down to the hair ends, following the warm air. My hair is thick. Brown with lighter stripes. I bleached it last summer when I recalled I was also a woman, not only a soldier.

Y   *There are no flowers*
nor tears along the road
only the beeping
from passing cars...

A   I want to be my body again...

Y   *Neither red nor white or black*
not the hands holding reproach
but bare feet walking on grass...

A   I want to be my body again...

Y   *I put on a thimble*
and pet your hair

I do this to my fingers
imagine my heart...

A   *I want to be my body again...*

Y   *A living woman*
    neither a battle flag
    nor a bud of hope...

A   *I want to hear my voice*
    I want my body back...

Y   *I want to hear my voice*
    I want my body back...

A   *I must never have wanted it so badly...*

I dress myself. A long sleeve top from Primark — size S. I should have gotten an M, an S feels too tight on my skin. I go to the mirror and look at my reflection. My nipples come through the fabric. My favourite sweet shot — pleasant pink, and jeans — light blue. Those I brought from home. The mirror is next to the radiator which I've set for 4, so it's nice and warm on my legs and feet. I take every item of clothing from my bed, go to the mirror and put them on in front of it. I want to make sure it's happening, and not just in my imagination. I want to make sure I'm real. I also like looking at myself. I think I'm beautiful.

SCENE THREE

Y   "When we experience trauma, we cope by leaving the body because the present moment feels unsafe. We cope by: chronic daydreaming, obsessive repetitive thinking, analysing, or anything else that keeps us within our thinking mind (away from the present moment)."[3]

A   I do my best to return to the present moment. I lace my trainers. I button the coat, put the collar up and wrap a big wide winter scarf around it.

Y   No one wears such scarfs here in October.

A   Well, I do. I am someone.

I open the purple door, the doorknob feels cold and wet. The gate and the fence are the same purple as the towel holders and the towels in our bathrooms. There are fallen leaves on the ground: yellow, orangey-red, and brown. I like it when the leaves are not removed from the pavement, although I am wary of dogshit.

Heading to the crossroads, I see and hear cars as they approach and pass by.

I hear someone sniff going out of the house.

I hear birds.

I see a woman with an indigo bag.

A motorcyclist in a navy coat.

An arctic blue car.

Say hello to the man in the red waistcoat and keep walking, keep walking. You can't solve everyone's problems, you can't even solve your country's problems. Not even your own! Put on your own mask first before assisting others.

A car passes by. A tiny truck with a funny head. Then I see its back. Like a door of a police van. *Autazak* we call it in Belarusian. 'It's not *autazak*. It's not *autazak*. You know you're safe in London, don't you? Your experience wasn't even that bad, compared to others. You overdramatise. You don't need to have these flashbacks every time,' I say to myself. 'Yeah, really, I don't need to.'

The cold wind blows into my eyes.

SCENE FOUR

A My friend Dzima asked me to go to Finchley Road station because it's where *King Rat*,[4] a novel by his favourite author China Miéville, begins.

Y What are the sounds there? The book is about music to which we give our will away. I wonder what kind of music you'll hear. Or will it just be noise, crowd, wind?

A Escalators are bones and ribs, crunching under my feet...

On the train I think about the Belarusian diaspora picketing outside the Norwegian Embassy today. I feel guilty for not going. I see it as my duty. But today I chose myself.

The seats on the train are ash-grey with yellow, green and pink stripes forming squares. I want to cry and I feel dizzy. I tap my feet on the floor to keep grounded. I open the photo of the page from *King Rat* that Dzima sent me.

Y "Again and again footsteps approached, voices, laughing..."

A Finchley Road platform is overground. Sounds.

Y "Each time Saul held his breath, King Rat was still, as people passed by impossibly close, near enough to touch, without seeing him or his burden."

A I hear the train stopping. The squealing. I hear its doors open. I hear someone's heels. I hear the train leaving. The squealing again.

Y "Saul kept his eyes closed."

A I hear people walking. A plastic bag rustling. A raven on the wing. A sniff.

Y "The echoes he heard aided his helpless cartography, waxing and waning as the rooms and corridors through which he was carried, grew and shrank."

A One leg of jeans rubbing against the other. An announcement. Boots shambling. Two trains moving simultaneously. Two women speaking.

Y "Another door creaked open, and Saul was held still."

A A woman speaking on the phone in the language I don't comprehend.

Y "The echoes hollowed out, changed direction."

A I hear my own steps on the stairs. My own breath.

I don't want to listen anymore!

It's cold, and I want to go back to my warm room.

Upset that I didn't hear anything special on the platform, I record the sounds and send Dzima the audio, in case he finds something in it, as he's usually more subtle than me.

Y Sounds like an intro to some album or a single.

A He says and wishes me a nice wandering.

ACT FIVE

SCENE ONE

A It's 5 am, and I lie wide awake. Again. One of the side effects of antidepressants. And menstrual cramps.

I lie on my back, put my hand where the pain is and talk to it. I say I know it hurts. It's part of nature. We need to endure.

I'm talking to the pain and to myself. The pain and I become one. It soothes.

Y "Kafka was the first to comprehend a body as a battlefield for freedom..."[5]

A 6 am. I put my hand on my breast — it's comforting. A friend once told me that if he had breasts, he would touch them all the time.

I yawn. Yawning is good for your face muscles, my therapist said. I hope it's good for my clamped jaws and will help my shut mouth speak.

I put a white sleeping tablet on my tongue, take a sip of water from the red and white mug that stands on my desk and try to swallow the tablet. It stays on my tongue, dissolving. I try to define its taste, but it has no taste.

I swallow.

I swallow.

I swallow.

I swallow.

And it works.

SCENE TWO

A   I wake up and kiss my pillow. Grateful to be in my own bed.

Y   Mornings in prison were the hardest time. I wanted to stay in bed for the nine days of my sentence, but I couldn't let the girls down and show them my low moods.

A   I stand under the shower, eyes closed, making a conscious effort to open them. I raise my head and watch warm water dispersing down from the holes in the shower. I can take shower whenever I want. Even several times a day!

Y   On day five they finally let us take a shower. 15 minutes. I washed my hair for the first time in five days. There was a small window in the door, I didn't know, I only found out after being released. They could have watched the four of us wash ourselves, hurriedly, share a deodorant and put our clothes back on. They could have watched our delighted faces. I hope they didn't.

A   I've been working at the computer for too long on this sunny day. I should go for a walk. If I don't want to do it for myself, I should do it for those who can't go for walks.

I listen to my breathing.

I open the window and stick my head out.

SCENE THREE

A   I open my wardrobe, look at my clothes and make a decision. I take a beige dress off the hanger. I take a white long-sleeve off the shelf. Most of my clothes are of pastel colours now — those are calming. I take off my home socks with the cornflowers, the symbol of Belarus. I take off my home trousers. I take off my home sweater — first left arm, then right arm. I take off my home t-shirt — up through my head. I put on tights — first right leg, then left leg. I put on the long-sleeve and tuck it into the tights. I put on the dress, go to the mirror and adjust the neck so that it sits nicely.

I comb my hair, collect the hairs which fell out, go to the toilet and flush them down...

I feel terrified by taking notice of all these tiny actions.

I don't want to go anywhere.

I don't want to notice!

I don't want to be present!!

I want to lie on my back and just be.

SCENE FOUR

A   In April 1912, the middle-class artist and suffragette Katie Gliddon wrote a diary in her copy of *The Poetical Works of Percy Bysshe Shelley* while in London's Holloway Prison. Holloway Prison is a 15-minute walk from where I live. Prison's haunting me.

Y   "In the cell underneath me now is a young girl, a prostitute off the London streets. She is frightened of the night, poor little thing. She is knocking on her wall to her companion. When they were talking earlier, her refrain was 'I wish it was morning'. Now she has just called out of her window feverishly, 'Violet, how are you?' The other one has answered. O how cruel it is to lock that frightened little creature in a cell. It is agony to us sometimes to look at the door and to know we cannot open it although we have the knowledge that it is for the sake of women like that little frightened one below that we are here. Few women would come to prison for political power if it were not as a social power by means of which society will be cleansed. Hundreds of women would come to prison if they could hear that frightened knocking like a bird caught in a net. But you have to come to prison to hear it."[6]

A And Belarusian women came to prison in thousands...

ACT SIX

SCENE ONE

A My next destination is Tate Modern. I've bought a ticket to the Auguste Rodin exhibition, because I remember seeing his sculptures in other museums and finding them fascinating. They were mostly about romance. Back then I cared about romance a lot. Now I care about gender and social issues much more.

I follow the arrows. Borders and bodies. I follow the arrows, keeping my body legal within the set borders.

Y The description of the statue named *Thinker* quotes Rodin. "What makes my Thinker think is that he thinks not only with his brain, with his knitted brow, his distended nostrils, and compressed lips, but with every muscle of his arms, back and legs, with his clenched fist, and gripping toes."[7]

A I open a dictionary and find synonyms for 'compress,' 'clench' and 'grip' — the vocabulary that I've been missing. Nails, toes, legs, fingers, back, belly, chest, shoulders, neck, throat, face, breath — clasp, clutch, grab, grapple, hold, trap, squeeze...

Y News heading: "The first party of migrants have crossed the border."

A I stop following the arrows.

The Walking Man only needs feet, legs and a torso, the absence of a head doesn't make his walking any less confident.

The *Thinker*'s feet live a life of their own, as a separate statue.

Y To get help with his first major commission in the early 1880s, Rodin hired a team of assistants. A 19-year-old Camille Claudel was one of them. She worked on complex pieces, like hands and feet for large Rodin's sculptures. "Impressed by the quality of Claudel's work, Rodin offered her a job as a studio assistant. They soon became confidantes and lovers. Claudel and Rodin influenced and supported each other's work. However, the power in the relationship lay securely with Rodin. He was her employer, a celebrated artist..."[8]

Camille Claudel had a psychological breakdown and was placed in an asylum by her family in 1913. A caged bird couldn't sing. She was so devastated that in the asylum she could never make art again. Camille felt betrayed by Rodin.

A Am I betraying her by being at the exhibition of his work?

SCENE TWO

A I leave the museum and go down to the riverbank. People are walking. A dog is running. An old man is playing accordion. The melody reminds me of a song from my parents' youth.

The river is splashing against the walls, discontented. Two swans are swaying on the water. Seagulls are hunting the river life. A small motorboat with a shark-shaped nose is cutting the waves.

My phone is vibrating with a voice message.

Y 'I sold my apartment, I don't have a home in Belarus anymore. When I come next time, I'll live in a rented flat, a hotel, at friends' or scarce relatives'. I'm now the fox that has no hole. What's left is graves. I'll miss the view out of the window though — over the chestnut trees. Well, I'll sail my boat forward. After all, we carry our sky inside.'[9]

A I walk along the river. Just walk. Without a purpose. Without a route and destination. I feel my feet on the ground. I hear the accordion becoming more and more distant. I pull my hat down on my ears and wrap the big wide winter scarf around my neck to protect myself from the wind.

Who knows how long I'll have to walk...

END

ENDNOTES

The following sources have been quoted in the play either in original or in English translation:

[1] Bessel A. van der Kolk, M.D., *The Body Keeps The Score: Brain, Mind, and Body in the Healing of Trauma* (Viking Penguin, 2014), p. 107.

[2] Александр Амфитеатров, *Женщина в общественных движениях в России. Публичная лекция, прочитанная в Париже в пользу Высшей Русской школы общественных наук в Париже. Женева, 1905* (Живое слово, 1907), p. 56.

[3] Dr. Nicole LePera, Instagram post from 29 October 2021, instagram.com/p/CVl_o2PJq_B/.

[4] China Miéville, *King Rat* (Pan Books, 1999), pp. 37-38.

[5] Мария Рахманинова, *Власть и тело*, Изд. 2-е (Радикальная теория и практика, 2020), p. 123.

[6] Katie Gliddon's prison diary, ref. in Anne Schwan, '"Bless the Gods for my pencils and paper": Katie Gliddon's prison diary, Percy Bysshe Shelley and the suffragettes at Holloway', *Women's History Review*, 22. 1 (2013), 148–167 (p. 156), dx.doi.org/10.1080/09612025.2012.724917.

[7] Description of the exhibition *The Making of Rodin* at Tate Modern (18 May — 21 November 2021).

[8] Ibid.

[9] A friend's Facebook post.

Целаш своім

П'еса „Целам сваім" упершыню была паказаная падчас тэатральнага фестывалю Voila! у лонданскім Theatre Deli 8 і 9 лістапада 2024 года з удзелам:

А   Ганна Комар

Ю   Сафі Валлі

Рэжысёр   #9

Гукарэжысёр   Лекс Казанке

Мастакі па святле   #9 і Шукру Хакан Хафізаглу

Гэты тэкст быў падрыхтаваны да друку ўжо пасля паказу, таму магчыма нязначнае разыходжанне са сцэнічнай версіяй.

У гэтай п'есе спалучаюцца вербальны і фізічны тэатр. Рэжысёр_ка мае шырокую свабоду ў інтэрпрэтацыі сцэнаграфіі, касцюмаў, харэаграфіі і руху.

ПЕРСАНАЖЫ

А прадстаўляе голас галоўнай гераіні ў цяперашнім часе.

Ю усе астатнія галасы.

АКТ ПЕРШЫ

СЦЭНА ПЕРШАЯ

А   У цішыні майго цела

Ю   Варочаецца

А   З боку на бок

Ю   Забыты сон

А   Акісляецца

Ю   З'едзены яблык

А   Кроў

Ю   Выпырсквае астрамі

А   Сіпяць

Ю   Цягліцы

А   Ламаецца голас

Ю   Звязак і

А   Сухажылляў

Ю   Крыклівы пот

А   Раскатурхвае поры

Ю   І толькі слёзы

А   Цішэйшыя за цішыню

Ю   Чуюць маю

А   Глухату...

СЦЭНА ДРУГАЯ

Ю Ты бачыла шмат гвалту.

А Калі я была маленькая, а мой п'яны тата рабіўся агрэсіўным і накідваўся на маму, я грала ролю буфернай зоны. Выконвала функцыю міратворцы. Стоячы паміж імі, я спрабавала абараніць маму — маліла тату супакоіцца. Часам здавалася, што я адзіная магла спыніць яго.

Я навучылася чытаць у пяць гадоў, і, пэўна, кнігі выратавалі мяне. Мы жылі ў аднапакаёвай кватэры: мае мама і тата, старэйшая сястра і я. Вечарамі, калі хатнія заданні для школы былі выкананыя, я занурылася ў маленькую кладоўку, дзе мы захоўвалі слоікі з марынаванымі агуркамі і памідорамі, з яблыкавым і слівавым сочывам, зімовыя паліто, боты і скрыні з рознымі старымі рэчамі. У кладоўцы не было вокнаў, і толькі кволае святло ад адной лямпачкі прабівалася праз палітоны і футра да маленькага крэсла, на якім я сядзела і чытала. Гэта была адзіная асабістая прастора, якую я мела.

Першы верш здарыўся са мной, калі мне было трынаццаць.

Я бачыла яшчэ больш гвалту ў 2020-м у Беларусі. Бясконцыя аповеды, здымкі і відэа збітых, катаваных, згвалтаваных – нашыя суседзі, сябры ці сябры сяброў. Людзей збівалі ў мяне на вачах. Шмат разоў я ўцякала ад АМАПу. Па вызваленні з „сутак" у верасні 20-га я спрабавала перастварыць той досвед у паэзію, але ў мяне не атрымлівалася. Я не магла думаць пра ўласны досвед — думала пра іншых, рабіла, што магла, каб дапамагчы сотням палітвязняў, якіх было ўсё больш і больш штодня. Маё жыццё належала мне, але маё цела — не.

У сваёй кнізе „Цела вядзе падлік" Бэзыль ван дэр Колк — псіхіятр, вядомы сваімі даследаваннямі посттраўматычнага стрэсавага разладу, піша

Ю „У адказ на саму траўму, а таксама спрабуючы адолець жах, які яшчэ доўга застаецца пасля яе, пацыенты з ПТСР навучыліся выключаць участкі мозгу, якія перадаюць стыхійныя пачуцці і эмоцыі, што суправаджаюць і вызначаюць траўматычныя перажыванні. Аднак у паўсядзённым жыцці тыя самыя ўчасткі мозгу адказваюць за цэлы шэраг эмоцый і адчуванняў, якія фармуюць фундамент нашай самасвядомасці, нашага самаадчування. У гэтым выпадку адбываецца адаптацыя з трагічнымі наступствамі: намагаючыся захінуцца ад жахлівых адчуванняў, чалавек заглушае здольнасць адчуваць сябе жывым."[1]

А Я спрабавала перастварыць той досвед у паэзію, але няма нічога паэтычнага ў гвалце.

Калі я прыехала ў Лондан у верасні 2021-га, я не ведала, ці змагу вярнуцца дадому альбо гэтае месца стане маім новым домам. І я не пісала вершаў. Вершы не маглі распавесці гісторыю таго, як я спрабую вярнуць сабе ўладу над уласным целам. І вярнуць сабе сэнсы. Таму вось мая гісторыя, распаведзеная адзіным спосабам, які я знайшла.

АКТ ДРУГІ

СЦЭНА ПЕРШАЯ

А   Гэта вецер вые ці я? Я прачынаюся, каб схадзіць у туалет, і не магу больш заснуць. Думаю пра ўсё тое, што знаходзіцца паза маім кантролем.

Ю   Наш туалет быў дзіркай у падлозе, дзвярэй не было. Толькі сцяна, якая аддзяляла яго ад рэшты камеры. Кроплі мачы наліпалі на падэшвы маіх кедаў, і паверх іх прыставалі валасы, кучамі...

А   Святло трапляе праз акно, бо я не закрыла фіранкі. Не люблю. Кажуць, поўная цемра неабходная, каб мозг мог адпачыць. Але калі я закрыю фіранкі, як я знайду выйсце?

Ю   Святло гарэла кожную ноч. Я скручвала майку і клала яе на вочы, каб заснуць. Засынаючы, я чула, як яны адчынялі маленькае акенца ў дзвярах і зазіралі ў нашую камеру.

А   Якія прыгожыя цені на сценах.

Ю   У першую ноч я спала на адным ложку побач з іншай дзяўчынкай. Нас разам затрымалі. Матрац нам выдалі адзін на дваіх. Ну, хаця б ён у нас быў, не ўсім так шанцавала.

А   Днямі я бачыла ў садзе ліса: мы сустрэліся з ім позіркамі, пакуль я мыла посуд у кухні. Не ведаю, як у іх гэта атрымліваецца — зрокавы кантакт, нібыта яны бачаць цябе наскрозь, усе твае патаемныя думкі...

    Я не адвярнулася. Гэта лёгка, калі мы раздзеленыя аконным шклом. Калі я абароненая.

Ю Я стаяла там, неабароненая, насупраць гэтых уніформаў без твараў. Я крычала. Крычала, што мы маем права на свабоду мірных сходаў. Крычала, каб яны адчапіліся ад нас і сыходзілі. І больш ніколі не вярталіся.

А Пасля я ўпала, таму што жанчына побач са мной упала, і ўніформа без твару пацягнула руку, каб дапамагчы мне падняцца, але мне не патрэбная была яго дапамога, я хацела, каб яны сышлі, проста сышлі. Назаўжды.

А Ліс кульгаў: на адной лапе ў яго не было ніжняй часткі. Але ён спрытна ўскочыў на плот і знік у суседскім садзе. Жывёлы могуць прыстасавацца да любых умоваў, каб выжыць. Людзі выбіраюць быць рабамі, але захаваць жыццё. Што ж такога асаблівага ў гэтым „жыцці"?

СЦЭНА ДРУГАЯ

А Я прымаю таблетку Сертраліну, 50 мг, а 10-й раніцы. Штодня — у адзін і той жа час. Гэта важна. Першыя тыдні самыя складаныя: адчуваю сябе халоднай сукай, у якой няма пачуццяў. Калі б мне зараз сказалі, што я ніколі больш не ўбачу радзімы, я б зірнула на іх абыякава: „А што, здаецца, быццам мне неабыякава?"

Ю Цела балела ад вялікіх металічных квадратаў ложка. Матрац быў тоненькім, сантыметры два. Адзінай позай, у якой мне не балела ўсё цела, была поза эмбрыёна.

А Ува сне цела мусіць адпачываць. Цяглідам патрэбны адпачынак, звязкам патрэбны адпачынак, тканкам патрэбны адпачынак. Удзень цела назапашвае ўспаміны — успаміны пра тое, што знаходзіцца па-за нашым кантролем. Успаміны, якія робяць цела неспакойным.

Каб яно адпачывала цалкам, трэба спаць на спіне. Мая мама можа заснуць толькі на жываце. Я ніколі не магла зразумець, як ёй так зручна — у яе ж вялікія цыцкі. Цыцкі. А гэта норм — называць так грудзі ўласнай матулі?

Ю Я не магла спаць, шмат плакала. Мы не ведалі, дзе ты, ці з табой усё ў парадку. Ад людзей я чула, што там нічога не было, нават душа. Я спадзявалася, што яны цябе не б'юць.

А Я прачынаюся сярод ночы і спрабую зноў заснуць. Шыя чалавека не адпачывае, калі не спаць на спіне. Я звычайна сплю на баку. У сваіх апошніх сур'ёзных стасунках, шмат гадоў таму, мой каханы казаў мне: „Кладзіся на свой добры бок, а я абдыму цябе." Я не памятаю, які бок „добры". Не магу яго знайсці. Няма добрага боку ў турботных успамінаў.

Ю — Пусціце нас у душ?

— А что нам за это будет?

А Падаецца, правы — мой „добры" бок.

АКТ ТРЭЦІ

СЦЭНА ПЕРШАЯ

A Нас з сястрой бесіць, што мама ўвесь час скардзіцца і псіхуе на нас. Далей — я хачу запісаць гісторыю мамінага жыцця. Далей — яна дзеліцца са мной сваім болем. Далей — мне сказалі, што яна памерла. Я рыдаю ўва сне і прачынаюся ад уласнага плачу.

Раніцай мне вельмі патрэбныя маміныя пяшчота і клопат. Я дазваляю сабе адчуць гэтую патрэбу. Я не ўцякаю.

За тыдзень да дня майго шлюбу ў жніўні 2015-га мама пазваніла, голас яе гучаў трывожна. Яна сказала, што бачыла сон, у сне я плакала і клікала яе: „Мама, матулечка, мне так дрэнна тут."

Я сышла ад мужа праз дзевяць месяцаў.

Калі мы размаўляем па відэасувязі, мама кажа, што захварэла. Я чую па голасе. Яна кажа, гэта таму, што яна старэе. Я бачу, як змяняецца яе твар і ў вачах з'яўляюцца слёзы. Яна кажа, што ўсё ж лёгкія ў парадку. Што я раблюся ўсё больш падобная да яе ў маладосці, калі ў яе таксама былі даўгія валасы.

Антыдэпрэсанты блакуюць эмоцыі, але да маіх вачэй падступаюць слёзы. Я не паказваю гэтага і ўсміхаюся так радасна, як толькі магу. Мама не ведае пра антыдэпрэсанты.

Кажу: „Я збіраюся ў тэатр з аднагрупніцамі вечарам." „У цябе з'явіліся сяброўкі?" — спадзяецца яна. „Так, час ад часу кудысьці разам схадзіць", — адказваю я.

„Калі б у мяне тут былі блізкія сяброўкі, мне не патрэбныя былі б антыдэпрэсанты", — думаю пра сябе.

Ноччу мне баліць у грудзіне. Мой спосаб трымаць сувязь з мамай. Заўжды праз боль.

АКТ ЧАЦВЁРТЫ

СЦЭНА ПЕРШАЯ

Ю Аляксандр Амфітэатраў у сваёй лекцыі, апублікаванай у 1905 годзе, пісаў пра рэвалюцыянерак-народніц: „Мужчыны стамляюцца, мужчыны мяняюць меркаванне, мужчыны часам просяцца ў адпачынак і здаюцца ў капітуляцыю на літасцівых умовах прыватных амністый. У жаночай рэвалюцыі адсотак тых, хто здаецца, настолькі мізэрны, што нават складана згадаць імёны." [2]

А Я падымаюся раніцаю з намерам заўважаць сваё кожнае дробнае дзеянне, каб заставацца ў моманце.

Я іду чысціць зубы ў маленькую прыбіральню. Я назіраю за тым, як выціскаю пасту на бамбукавую шчотку з мяккім шчацінем, уключаю кран, набіраю трошкі вады ў рот і выключаю кран. Тры хвіліны я варушу шчотку з распененай пастай у сваім роце, тады палашчу рот і шчотку. Заўважаю трошкі пасты на твары, змываю яе і выціраю твар і рукі ручніком фіялетавага колеру.

Ю На трэці дзень нас перасялілі ў камеру з маленькім люстэркам. Тыя тры дні я магла здагадвацца, як выглядаю, па тым, як выглядаюць мае сукамерніцы.

А Хачу захаваць сувязь з сябрамі ў Беларусі, а не проста жыць тут, у бяспецы. Але з практычнага гледзішча, напэўна, мне варта ўсталяваць кантакт з Лонданам — на выпадак калі я не змагу вярнуцца дадому.

На сваёй старонцы ў Фэйсбуку прашу: „Напішыце месцы ў Лондане, якім ад вас перадаць прывітанне: можа быць, вы хацелі б там пабываць альбо ўжо былі."

Праз пяць хвілін у мяне ёсць

Ю Уайт Таўэр; Таўэрскі мост ноччу; Эбі Роўд; станцыя Фінчлі Роўд; статуя Эмі Уайнхаўс; Тэйт Модэрн; Тэмза; белы паўлін у Музеі прыродазнаўства; Логан Плэйс, дом адзін; Шард; платформа 9 ¾; кубачак кавы, у якім адбіваюцца аблокі...

А Я паеду ў гэтыя месцы. Вярну сабе мэту і наладжу сувязь з Лонданам.

Сядаю пад адчыненым акном і слухаю птушак.

СЦЭНА ДРУГАЯ

А Наступным ранкам я трымаюся рашэння заўважаць кожны дробны рух свайго існавання.

Уключаю фен, нахіляюся і звешваю валасы долу. Павольна праводжу далонню па валасах, ад карэньчыкаў да кончыкаў, услед за цёплым паветрам. У мяне густыя валасы. Каштанавыя са светлымі пасмамі — асвятліла іх мінулым летам, калі ўзгадала, што я таксама жанчына, а не толькі ваярка.

Ю *Уздоўж дарогі ні кветак, ні слёз,*
Толькі звон стаіць увушшу...

А *Я хачу быць зноў целам сваім.*

Ю *Не чырвоным, не белым, не чорным,*
Не рукамі, што трымаюць папрок,
А басаног па траве.

А *Я хачу быць зноў целам сваім.*

Ю *Надзяваю напарстак*
І лашчу твае валасы.
Калі я так з пальцамі —
Уяві маё сэрца.

А *Я хачу быць зноў целам сваім.*

Ю *Жывая жанчына,*
Не штандар,
Не надзея,

А *Хачу вярнуць сабе*
Голас і цела.

Ю *Хачу вярнуць сабе*
Голас і цела.

А *Можа быць, я ніколі так моцна*
Гэтага не хацела...

Я адзяваюся. Кофта з даўгім рукавом з Primark — памер S. Трэба было браць М, бо надта абцягвае. Падыходжу да люстэрка і гляджу на сябе. Смочкі выдзяляюцца праз тканіну. Люстэрка — побач з батарэяй, якую я паставіла на чацвёрку, і маім нагам цёпла стаяць побач з ёй. Улюбёная байка — прыемна-ружовая, і джынсы — блакітныя. Прывезла іх з дому. Бяру кожны прадмет адзення, падыходжу да люстэрка і там яго надзяваю. Хачу ўпэўніцца, што гэта адбываецца насамрэч, а не толькі ў маім уяўленні. Хачу ўпэўніцца, што я сапраўдная.

А Яшчэ мне падабаецца глядзець на сябе. Уважаю, я прыгожая.

СЦЭНА ТРЭЦЯЯ

Ю „Падчас траўматычнага досведу мы спраўляемся тым, што мы пакідаем сваё цела, таму што сапраўдны момант нясе небяспеку. Каб пераадолець яе, мы: сыходзім у хранічныя летуценні, абсэсіўна пракручваем у галаве і аналізуем адны і тыя ж думкі, робім усё, што заўгодна, каб заставацца ў галаве, адасоблена ад сапраўднага моманту."³

А Я раблю ўсё магчымае, каб вярнуцца ў момант.

Завязваю матузкі на кедах. Зашпільваю гузікі паліто, падымаю каўнер і абкручваю вакол яго шырокі зімовы шалік.

Ю Тут ніхто такія зімой не носіць.

А Я нашу.

Я — хтосьці.

Адчыняю фіялетавыя дзверы, ручка халодная і мокрая. Веснічкі і плот таксама фіялетавыя, як дзверы і ручнікі ў нашых прыбіральнях. На зямлі — апалае лісце: жоўтае, аранжава-чырвонае і карычневае. Мне падабаецца, што апалае лісце не прыбіраюць з ходнікаў, хаця часам я баюся ўступіць у сабачае лайно.

Паварочваю направа і кіруюся да скрыжавання. Бачу і чую машыны, як яны набліжаюцца і мінаюць. Чую, як хтосьці чхае, выходзячы з хаты. Чую птушак.

Бачу жанчыну з сумкай колеру індыга.

Матацыкліста ў цёмна-сіняй куртцы.

Машыну колеру халодны блакіт.

Павітацца з мужчынам у камізэльцы дабрачыннай арганізацыі і мінуць яго, не спыняцца. Ты не можаш вырашыць праблемы ўсіх людзей. Ты нават праблемы сваёй краіны вырашыць не можаш. Нават свае ўласныя праблемы.

Маску спачатку надзявай на сябе.

Праязджае машына. Грузавічок з пацешным капотам. Тады бачу яго ззаду. Як дзверы аўтазака.

„Гэта не аўтазак, гэта не аўтазак, ты ж ведаеш, што ты ў бяспецы ў Лондане, твой досвед нават не быў жорсткім, у параўнанні з іншымі, што ты драматызуеш! Навошта табе гэтыя флэшбэкі ўвесь час!" — кажу я сабе. „Але, сапраўды навошта..."

Халодны вецер дзьме ў вочы.

СЦЭНА ЧАЦВЁРТАЯ

А   Мой сябра Дзіма папрасіў з'ездзіць на станцыю Фінчлі Роўд, бо там пачынаецца раман „Пацучыны кароль"[4] Чайны М'евіля — ён Дзімаў улюбёны аўтар.

Ю   Якія там гукі? Кніга — пра музыку, якой мы аддаем сваю волю. Мне цікава, якія гукі ты пачуеш. Ці гэта будзе проста шум, натоўп, вецер.

А   Эскалатары — косткі і рэбры, якія трушчацца пад маімі нагамі.

У цягніку думаю пра пікет беларускай дыяспары пад амбасадай Нарвегіі, які сёння прапускаю. Адчуваю віну, бо лічу, што быць там — мой абавязак. Але сёння я выбіраю сябе.

Сядзенні ў цягніку — попельныя, з жоўтымі, зялёнымі і ружовымі палоскамі. Хочацца плакаць, і кружыцца галава. Я стукаю нагамі па падлозе, каб зазямліцца. Адчыняю фота старонкі з „Пацучынага караля", якую даслаў мне Дзіма.

Ю „І зноў. І зноў набліжаліся крокі, галасы, смех..."

А Платформа станцыі Фінчлі Роўд знаходзіцца над зямлёю. Гукі.

Ю „Штораз калі Сол затрымліваў дыханне, Пацучыны кароль быў спакойны, а людзі міналі неймаверна блізка, амаль так блізка, што маглі б дакрануцца, не заўважаючы яго ці ягонага цяжару."

А Я чую, як спыняецца цягнік. Скрыгат. Чую, як адчыняюцца дзверы. Чую чыесьці абцасы. Як цягнік пакідае станцыю. Зноў скрыгат.

Ю „Вочы Сола былі заплюшчаныя."

А Я чую, як ходзяць людзі. Як шабуршыць пакет. Як пралятае варона. Хтосьці чыхнуў.

Ю „Рэха, якое ён чуў, дапамагала яго безнадзейнай картаграфіі, рассоўваючы і звужаючы пакоі, а калідоры, праз якія яго несла, раслі і сціскаліся."

А Калоша джынсаў трэцца аб суседнюю калошу. Абвестка. Боты. Два цягнікі рухаюцца аднчасова. Дзве жанчыны гутараць.

Ю „Яшчэ адны дзверы з рыпеннем адчыніліся, і Сол знерухомеў."

А Жанчына размаўляе па тэлефоне на мове, якой я не пазнаю.

Ю „Адбіткі рэха сціхалі, мянялі накірунак."

А   Я чую ўласныя крокі па сходах. Маё ўласнае дыханне. Я больш не хачу слухаць!

Холадна, і мне хочацца вярнуцца ў свой цёплы пакойчык.

Засмучаная, што не пачула нічога асаблівага, я запісваю гукі платформы на дыктафон і дасылаю Дзіму. Можа быць, ён знойдзе ў іх штосьці — ён звычайна больш уважлівы да дробязяў.

Ю   „Атрымалася як інтра да якога альбома ці песні."

А   Адказвае ён і зычыць мне добрага блукання.

АКТ ПЯТЫ

СЦЭНА ПЕРШАЯ

А Пятая раніцы, а ў мяне ні ў адным воку. Зноў. Пабочка антыдэпрэсантаў. І менструальны боль. Я ляжу на спіне, кладу руку туды, дзе баліць, і размаўляю з целам. Кажу: я ведаю, што баліць. Гэта частка прыроды. Нам трэба пратрымацца.

Размаўляю з болем і самой сабой. Мы з болем робімся адным, і ён сціхае.

Ю „Кафка ўпершыню ўсведамляе цела як поле бітвы за свабоду..."[5]

А Шостая раніцы. Я кладу руку сабе на грудзі — гэта мяне супакойвае. Аднойчы сябар сказаў мне, што, калі б у яго былі грудзі, ён бы ўвогуле не адымаў ад іх рук.

Пазяхаю. Пазяханне карыснае для мышцаў твару — так кажа мая псіхатэрапеўтка. Я спадзяюся, пазяханне карыснае для маёй сціснутай сківіцы і што яно дапаможа майму замкнёнаму роту пачаць гаварыць.

Я кладу на язык белую таблетку снатворнага, раблю глыток вады з чырвона-белага кубачка, які стаіць побач з ложкам, і спрабую праглынуць таблетку. Яна застаецца на языку і распушчаецца. Спрабую зразумець, які ў яе смак, але ў яе няма смаку.

Я глытаю і чакаю.

Чакаю.
Чакаю.
Чакаю.
І засынаю.

СЦЭНА ДРУГАЯ

А   Я прачынаюся і цалую падушку. Удзячная, што сплю ў сваім ложку.

Ю   Раніцамі было найцяжэй. Хацелася проста ляжаць усе дзевяць сутак свайго зняволення. Але нельга было падвесці дзяўчат, паказаўшы свае сапраўдныя перажыванні.

А   Я стаю пад душам, вочы заплюшчаныя, і раблю намаганне, каб расплюшчыць іх. Падымаю галаву і назіраю, як цёплая вада распырскваецца з дзірачак дожджыка. Я магу прымаць душ у любы час, хоць некалькі разоў на дзень.

Ю   На пяты дзень яны нарэшце завялі нас у душ. 15 хвілін. Упершыню за пяць дзён я памыла валасы. У дзвярах душавой было маленькае акенца, я даведалася пра гэта пасля вызвалення. Яны маглі глядзець, як мы чацвёра мыемся, спяшаючыся. Як дзелімся адным дэзадарантам на чатырох і спехам адзяваемся. Яны маглі глядзець, якія задаволеныя ў нас былі твары. Я спадзяюся, яны гэтага не рабілі.

А   Зашмат працавала за кампутарам у гэты сонечны дзень. Трэба прагуляцца. Калі не хачу рабіць гэта для сябе, трэба зрабіць для тых, хто не можа выйсці прагуляцца.

Слухаю ўласнае дыханне.

Адчыняю акно і высоўваю галаву на двор.

СЦЭНА ТРЭЦЯЯ

А   Я адчыняю шафу, гляджу на адзенне і прымаю рашэнне. Здымаю з вешалкі бежавую сукенку. Бяру з палічкі ружаватую кофту з доўгім рукавом. Большасць маіх рэчаў — пастэльных колераў: яны супакойваюць. Я здымаю хатнія шкарпэткі з валошкамі. Здымаю хатні швэдар — спачатку левую руку, пасля правую. Здымаю хатнюю цішотку — праз галаву. Здымаю хатнія нагавіцы. Нацягваю калготкі — спачатку правую нагу, пасля левую. Я надзяваю сукенку, іду да люстэрка і папраўляю каўнер, каб ён лёг прыгожа.

Расчэсваю валасы, збіраю тыя, што выпалі, іду ў прыбіральню і змываю іх ва ўнітаз.

Я пачынаю шалець ад таго, што заўважаю ўсе свае нават самыя дробныя рухі.

Я не хачу заўважаць.

Я не хачу вяртацца ў момант!

Я не хачу нікуды ісці!!

Я хачу ляжаць на спіне і проста быць.

СЦЭНА ЧАЦВЁРТАЯ

А   У сакавіку-красавіку 1912 года суфражыстка Кэці Глідан, мастачка з сярэдняга класу, падчас зняволення ў жаночай турме Холаўэй напісала і намалявала дзённік у кнізе „Паэтычная спадчына Персі Бішы Шэлі".[6] Ад мяне да гэтай турмы — 15 хвілін пехатой. Турма мяне пераследуе.

Ю   „У камеры пада мной цяпер маладая дзяўчына, прастытутка з лонданскіх вуліц. Яна баіцца ночы, маленькая небарака. Яна стукае ў сцяну, каб знайсці суразмоўцу. Апошні раз, калі я чула іх размову, яна паўтарала: "Вось бы цяпер была раніца. Вось бы цяпер была раніца." Цяпер яна ліхаманкава выгукае ў акно: "Вайлет, як ты?" Другая адказвае ёй. Так жорстка — замыкаць гэтае напужанае стварэнне ў камеры. Нам страшэнна балюча часам глядзець на дзверы і ведаць, што мы не можам іх адчыніць, хоць і памятаем, што менавіта дзеля такіх маленькіх напужаных істот, як гэтая дзяўчынка, мы тут. Не шмат жанчын пайшлі б у турму, каб мець палітычную ўладу, калі б гэта не давала нам сацыяльную ўладу, праз якую адбудзецца ачышчэнне грамадства. Сотні жанчын пайшлі б у турму, калі б пачулі гэты напужаны стук у сцяну, нібы птушка, што патрапіла ў сетку. Але каб пачуць яго, трэба трапіць у турму."

A І тысячы беларускіх жанчын зрабілі гэта.

АКТ ШОСТЫ

СЦЭНА ПЕРШАЯ

А   Мая наступная мэта — выстава ў Тэйт Модэрн. Я купіла квіток на Агюста Радэна, таму што памятаю, як усхвалявалі мяне яго скульптуры ў іншых музеях. Яны былі пра рамантычнае каханне. Калісьці рамантычнае каханне вельмі цікавіла мяне. Цяпер мяне нашмат больш цікавяць гендарныя і сацыяльныя пытанні.

Я іду па стрэлках-указальніках. Межы і целы. Іду строга па стрэлках, трымаю сваё цела ў рамках законам азначаных межаў.

Ю   „Калі мой "Мысляр" мысліць, гэта адбываецца не толькі ў яго галаве, мысляць не толькі яго насупленыя бровы, надзьмутыя ноздры і стуленыя губы — мысленне адбываецца ў кожным мускуле яго рук, спіны і ног, у яго сцятым кулаку і напружаных пальцах ступняў."[7]

А   Я адчыняю слоўнік і шукаю сінонімы да „сціснуць", „сцяць" і „напружыць" — словы, якіх мне бракавала. Пазногці, пальцы, ногі, спіна, жывот, плечы, грудзіна, шыя, горла, твар, дыханне — сашчаміць, сціснуць, згрэсці, захапіць, сашчапіць, затрымаць, здушыць...

Ю   Загаловак у навінах: „Першая партыя мігрантаў перасякла мяжу."

А   Я перастаю ісці па стрэлках.

Скульптура „Чалавек у працэсе хады" — гэта мужчынскія ступакі, ногі і торс. Адсутнасць галавы не робіць яго хаду менш упэўненай.

Ступакі „Мысляра" самадастаткова жывуць асобнай скульптурай.

Ю У 1880-х Радэн атрымаў вялікую замову і наняў сабе памочнікаў, каб выканаць яе. Сярод іх была 19-гадовая Каміла Кладэль. Яна працавала над складанымі элементамі, часта ствараючы рукі ці ступакі для скульптур Радэна. „Ўражаны якасцю працаў Кладэль, Радэн прапанаваў ёй стаць асістэнткай у яго студыі. Хутка яны зрабіліся блізкімі сябрамі і каханкамі. Кладэль і Радэн уплывалі на працу адно аднаго. Аднак улада ў стасунках была замацаваная за Радэнам. Ён быў працадаўцам, знакамітым мастаком..."⁸

Калі ў Кладэль здарыўся нярвовы зрыў, сям'я даслала яе ў лякарню. Птушка не магла спяваць у клетцы. Радэн разбурыў яе настолькі, што нават у лякарні яна не магла ствараць. Каміла адчувала сябе здраджанай Радэнам.

А Я прыйшла на ягоную выставу — гэтым я здраджваю Каміле?

СЦЭНА ДРУГАЯ

А Я выходжу з музея і іду да ракі. Шпацыруюць людзі. Бяжыць сабака. Дзядуля грае на акардэоне. Мелодыя нагадвае мне песню маладосці маіх бацькоў, якую яны часта спявалі, калі я была маленькая.

Рака разбіваецца аб каменныя сцены і не можа вызваліцца. Два лебедзі гайдаюцца на вадзе. Чайкі палююць на рачное жыццё. Маленькая маторная лодка з акуліным носам рассякае хвалі.

Мой тэлефон вібруе: атрымана галасавое паведамленне.

Ю „Я прадаў кватэру, у мяне больш няма дома ў Беларусі. Калі я прыеду наступны раз, то буду жыць у арэндаванай кватэры ці ў гатэлі, можа, у сяброў ці нешматлікіх сваякоў. Цяпер я ліс без нары. Засталіся толькі магілы. Але я буду сумаваць па відзе з акна — на каштаны. Ну што ж, павяду сваю лодку наперад — у рэшце рэшт, мы носім сваё неба з сабою." [9]

А Я іду ўздоўж ракі. Проста іду. Без аніякае мэты. Без маршрута і канцавога прыпынку. Я адчуваю свае ногі на зямлі. Я чую, як аддаляецца акардэон. Я нацягваю шапку на вушы і загортваюся шырокім зімовым шалікам, каб захінуцца ад ветру.

Хто ведае, колькі яшчэ мне трэба будзе ісці...

КАНЕЦ

КРЫНІЦЫ

У тэксце я цытую наступныя кнігі, аўтарак і аўтараў:

[1] Bessel A. van der Kolk, M.D., *The Body Keeps The Score: Brain, Mind, and Body in the Healing of Trauma* (Viking Penguin, 2014), p. 107.

[2] Александр Амфитеатров, *Женщина в общественных движениях в России. Публичная лекция, прочитанная в Париже в пользу Высшей Русской школы общественных наук в Париже*. Женева, 1905 (Живое слово, 1907), с. 56.

[3] Dr. Nicole LePera, Instagram post from 29 October 2021, instagram.com/p/CVl_o2PJq_B/.

[4] China Miéville, *King Rat* (Pan Books, 1999), pp. 37-38.

[5] Мария Рахманинова, *Власть и тело*, 2-е изд. (Радикальная теория и практика, 2020), с. 123.

[6] Katie Gliddon's prison diary, ref. in Anne Schwan, '"Bless the Gods for my pencils and paper": Katie Gliddon's prison diary, Percy Bysshe Shelley and the suffragettes at Holloway', Women's History Review, 22. 1 (2013), 148–167 (p. 156), dx.doi.org/10.1080/09612025.2012.724917.

[7] Апісанне выставы *The Making of Rodin* у галерэі Tate Modern (18 траўня — 21 лістапада 2021).

[8] Тамсама.

[9] Запіс сябра ў Фэйсбуку.

HANNA KOMAR'S OTHER WORKS

ІНШЫЯ ТВОРЫ ГАННЫ КОМАР

Poetry collections • Паэтычныя зборнікі

Страх вышыні

Recycled

Мы вернемся

Вызвалі або бяжы

Ribwort

Creative non-fiction • Дакументальная проза

Калі я выйду на волю

When I'm Out of Here:
Staying Human in a Dictator's Jail
(forthcoming)

hannakomar.com